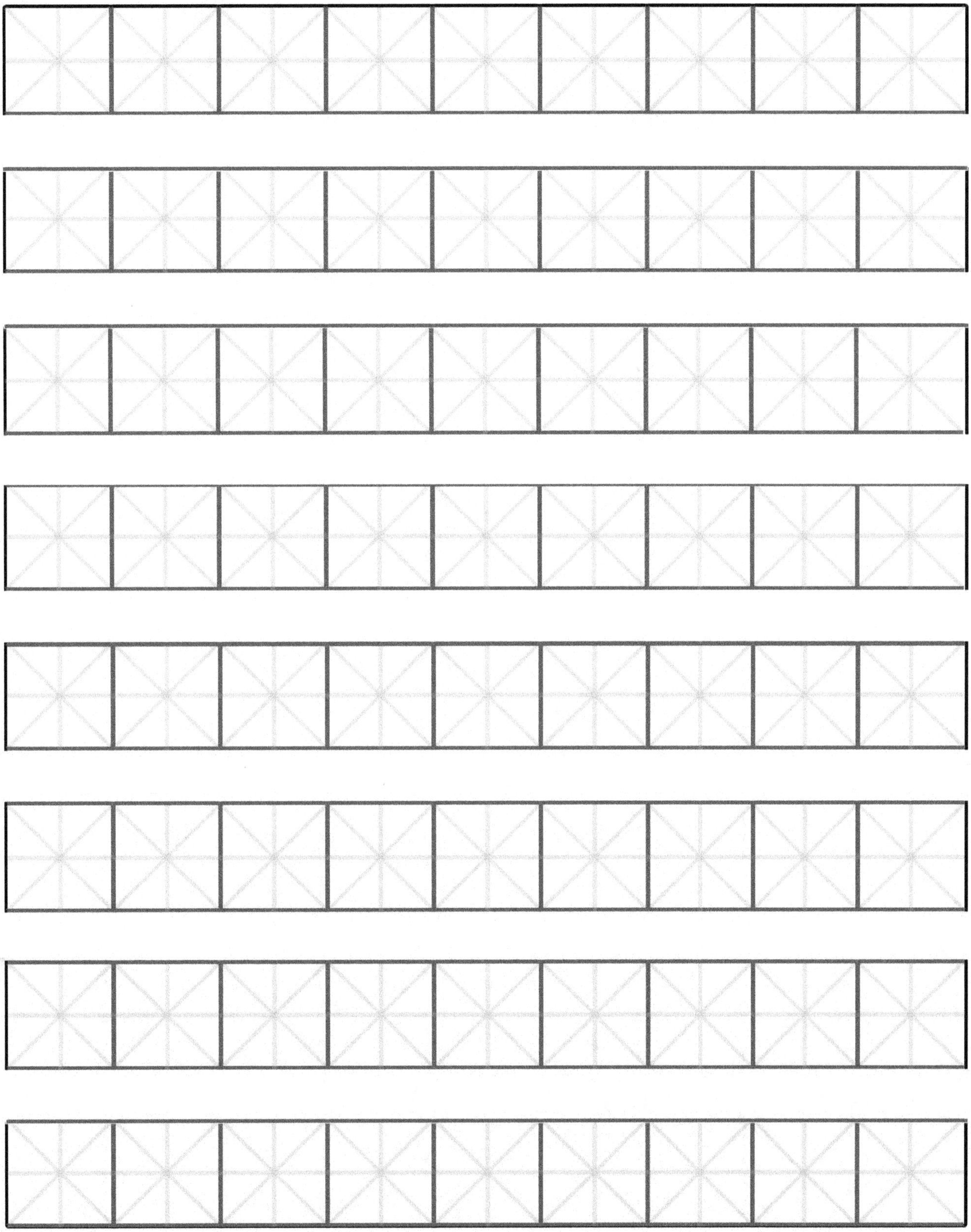

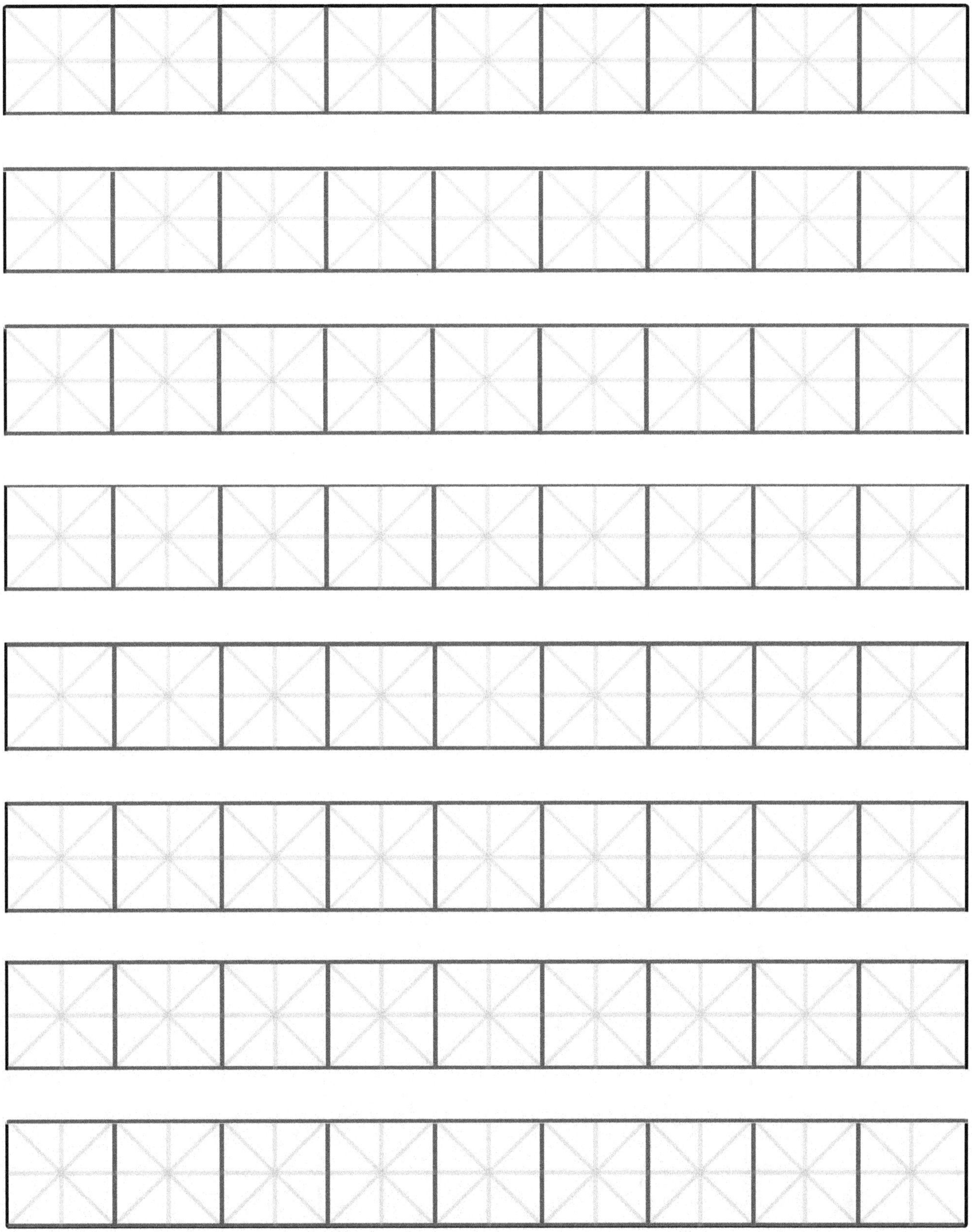

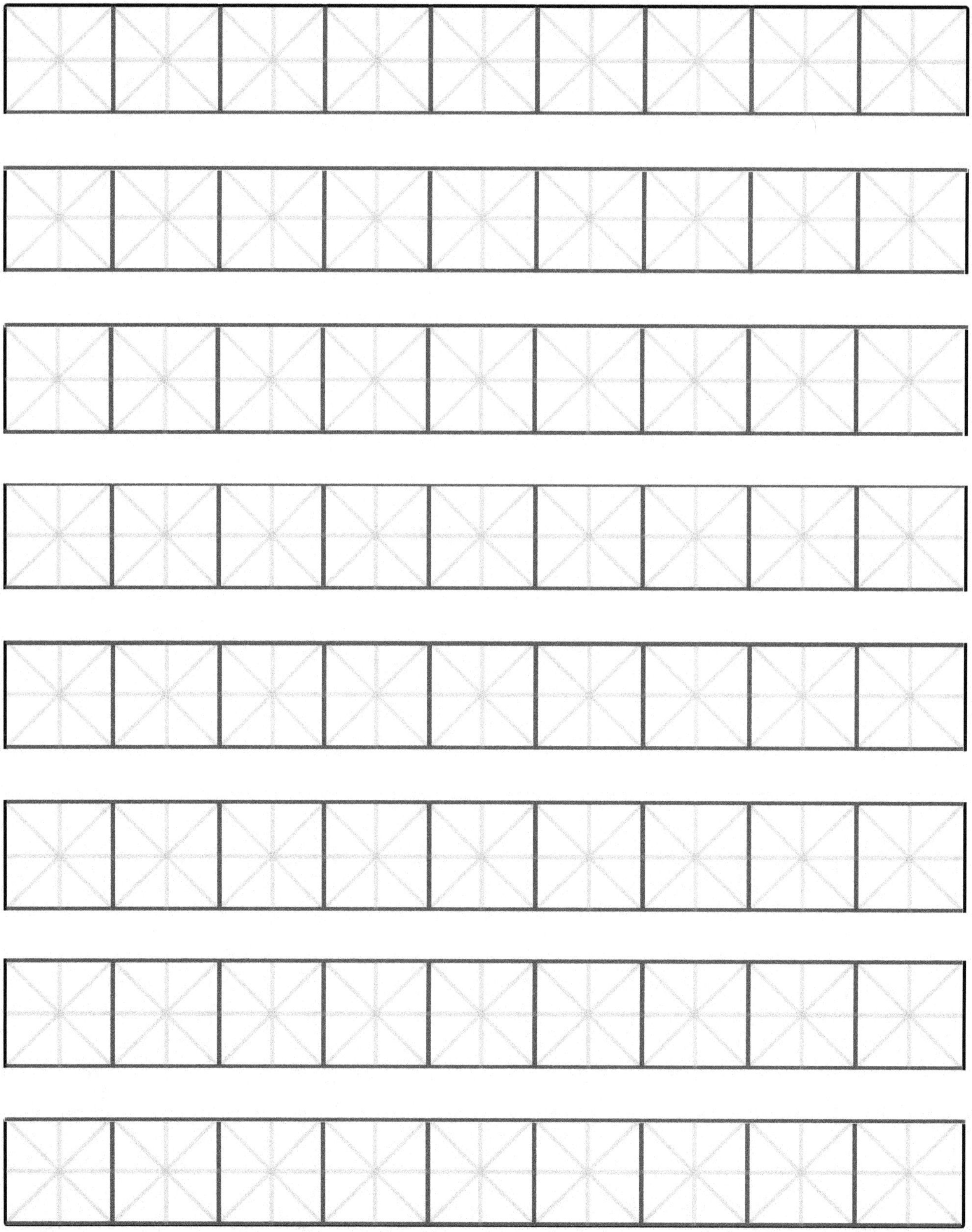

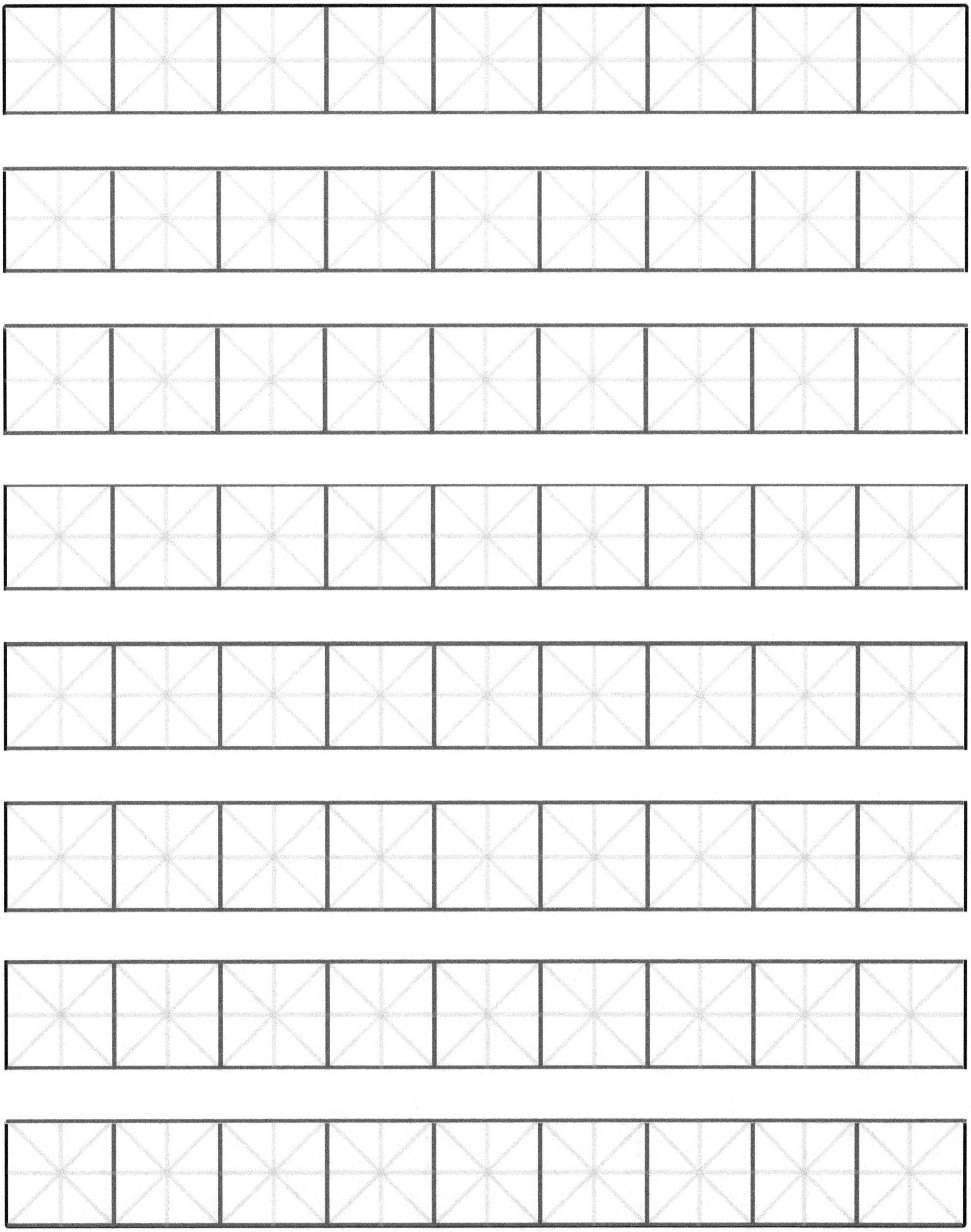

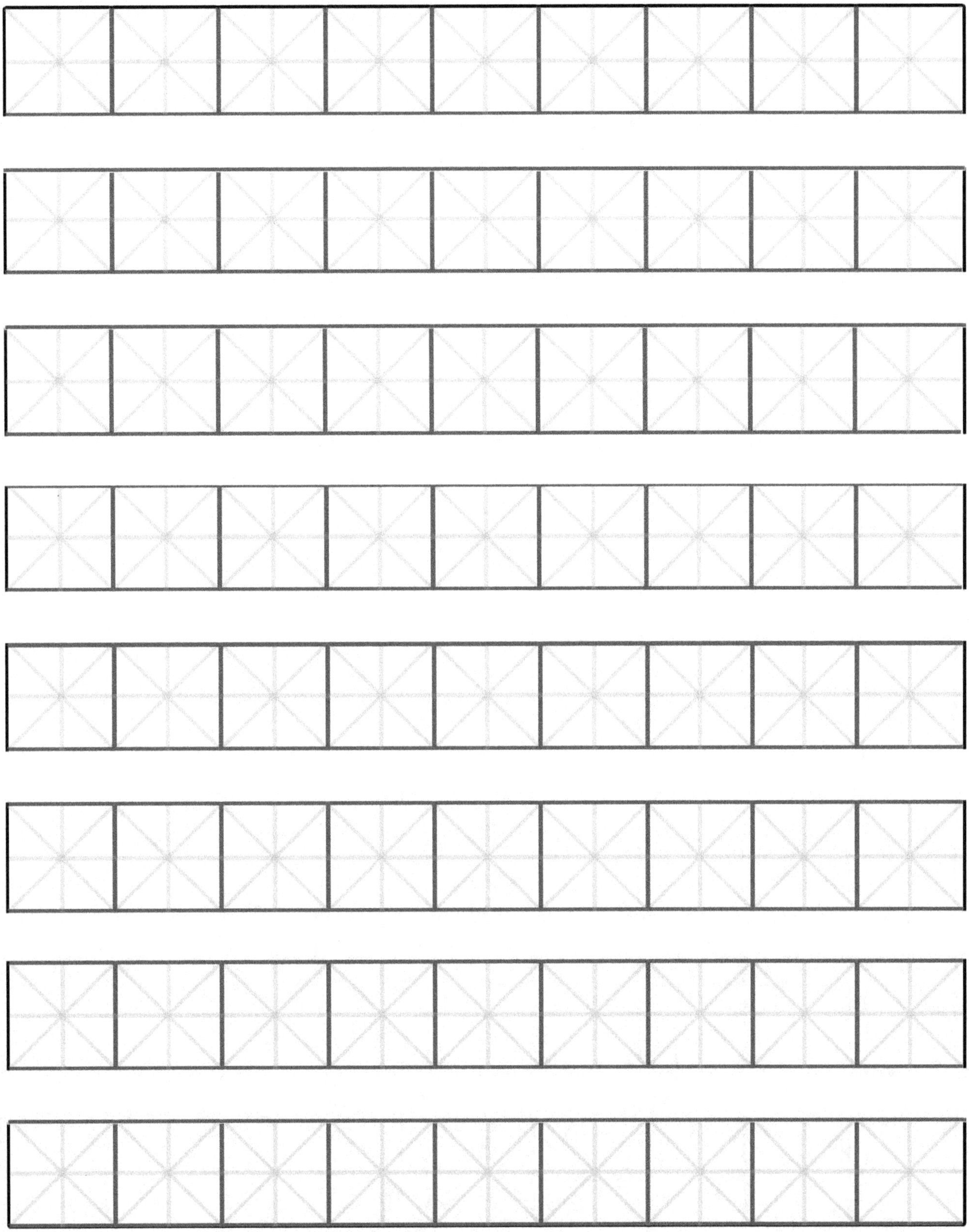

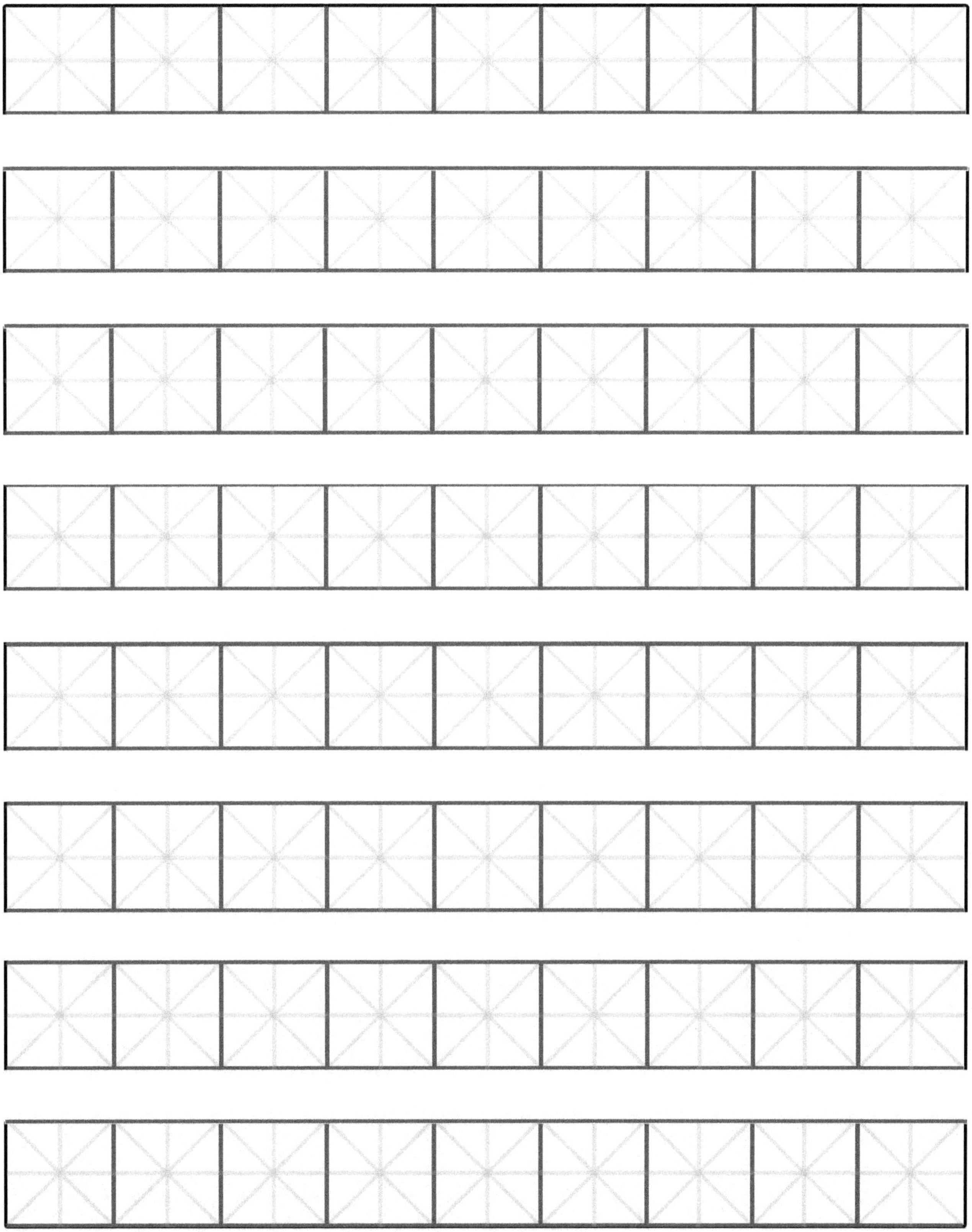

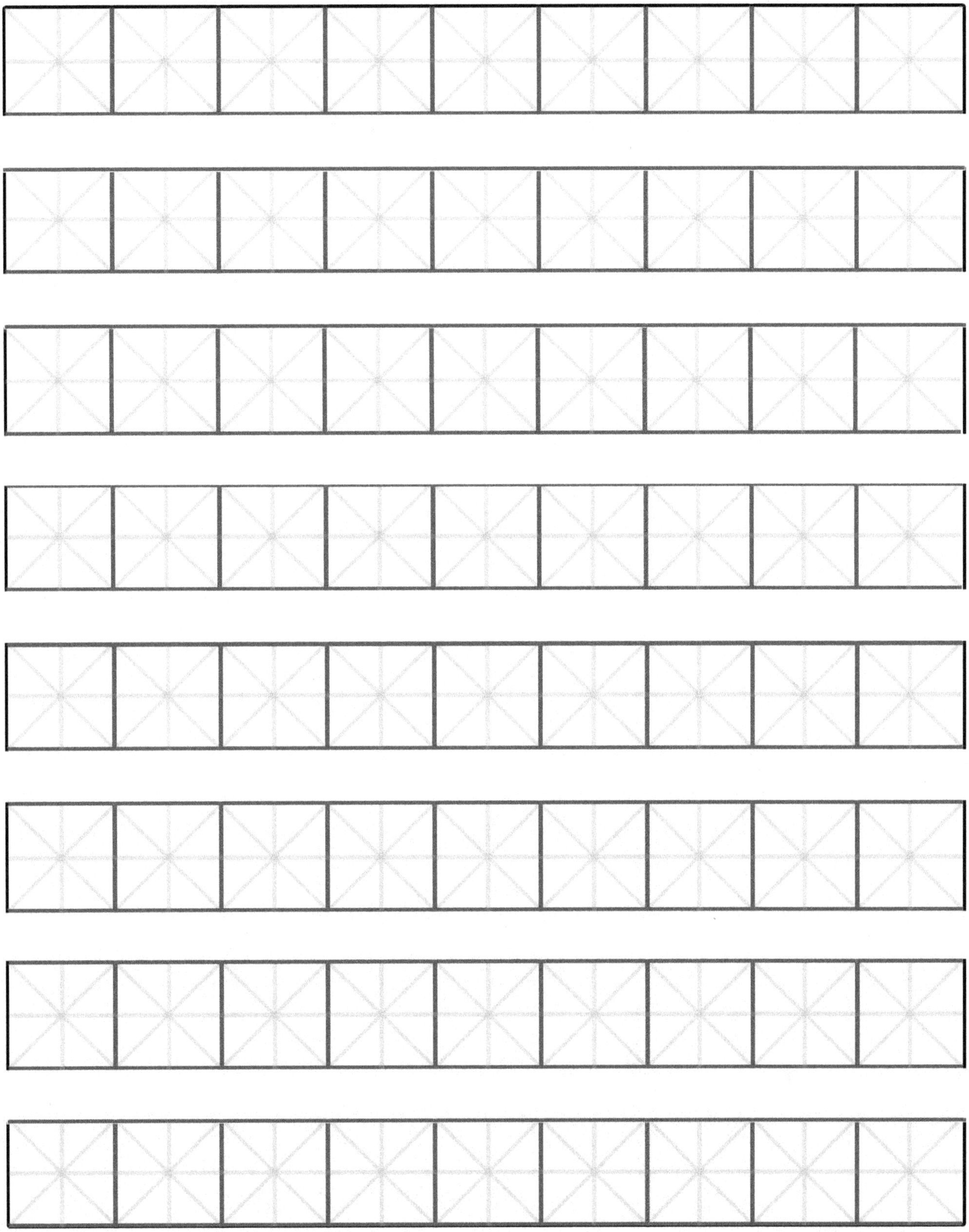

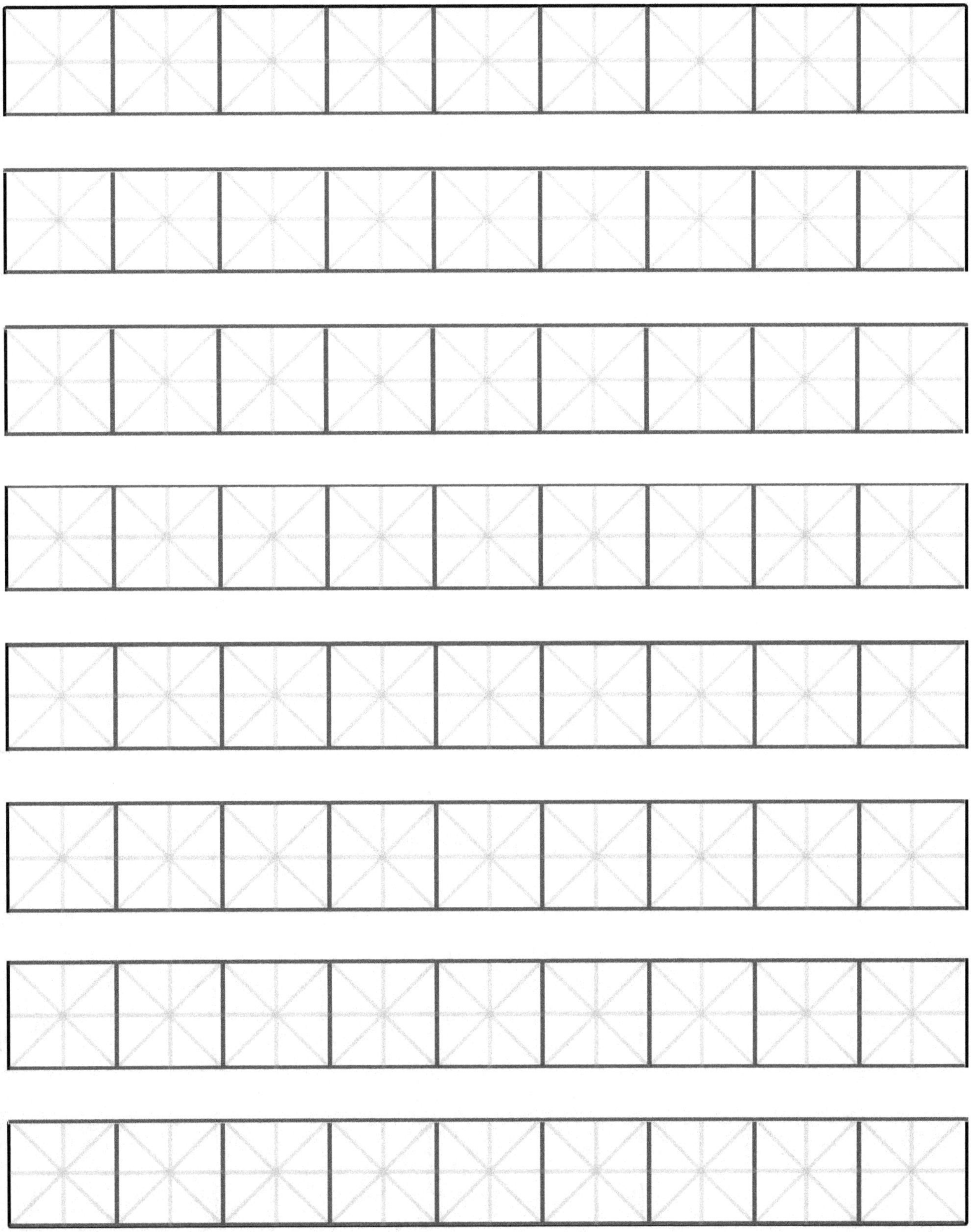

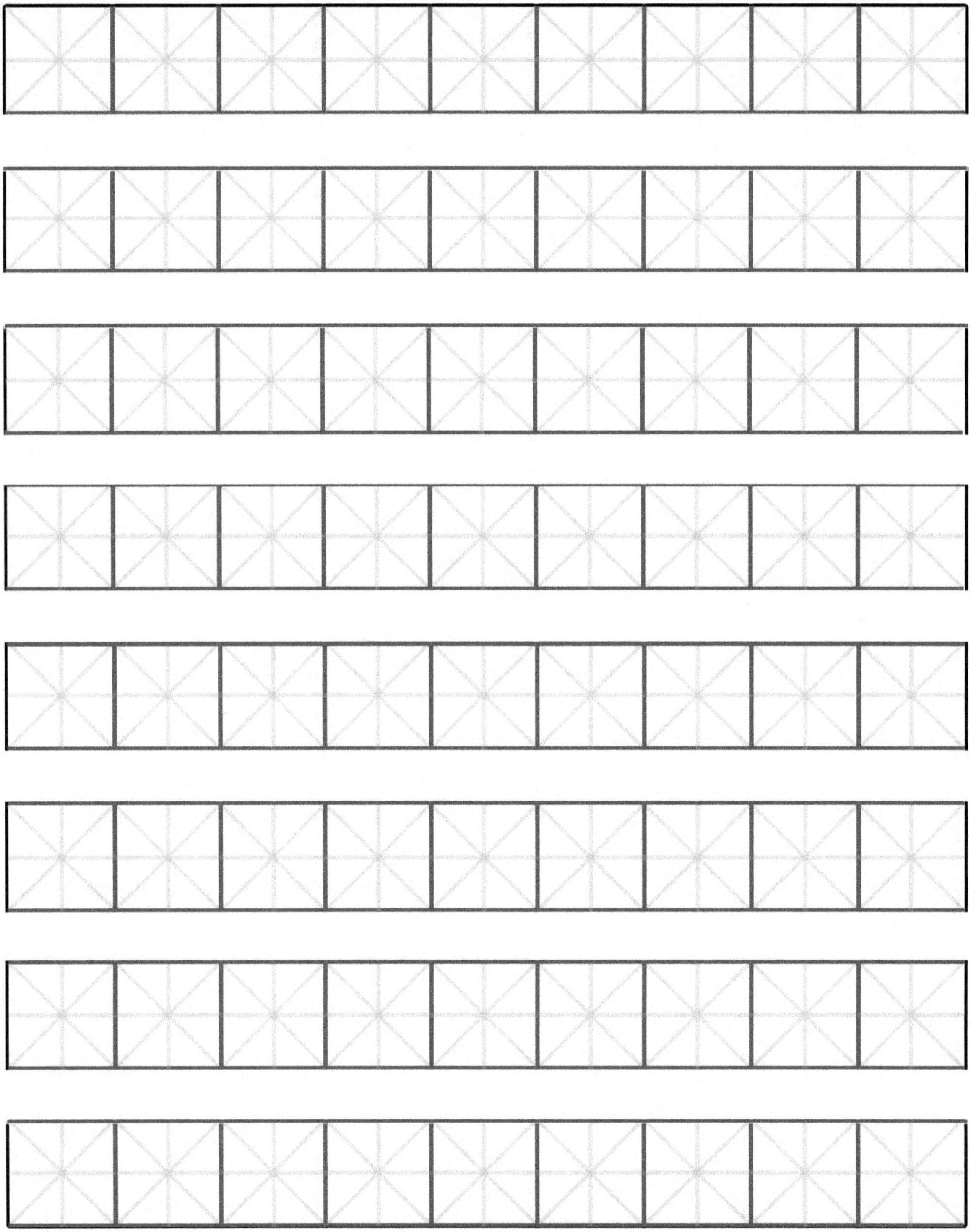

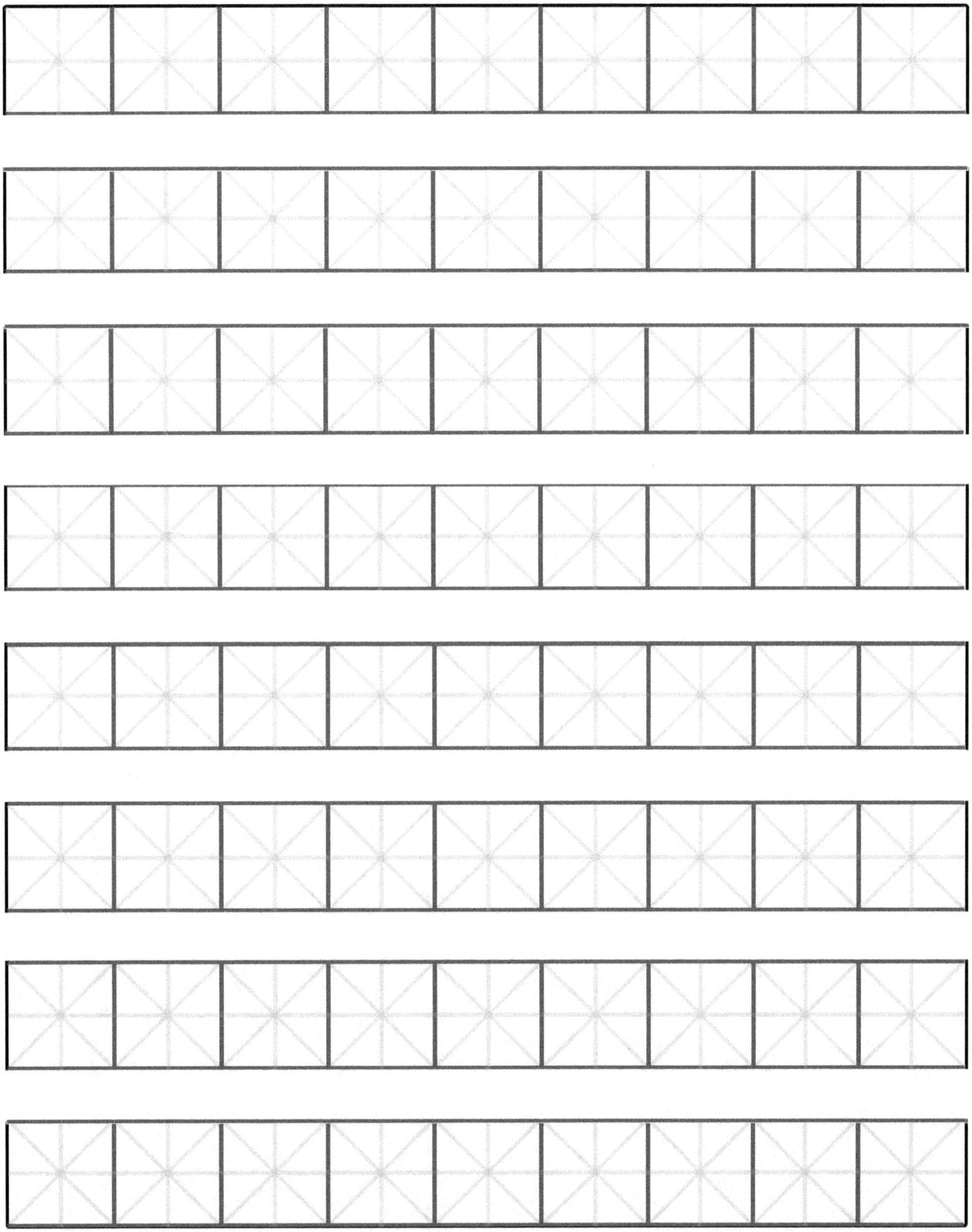

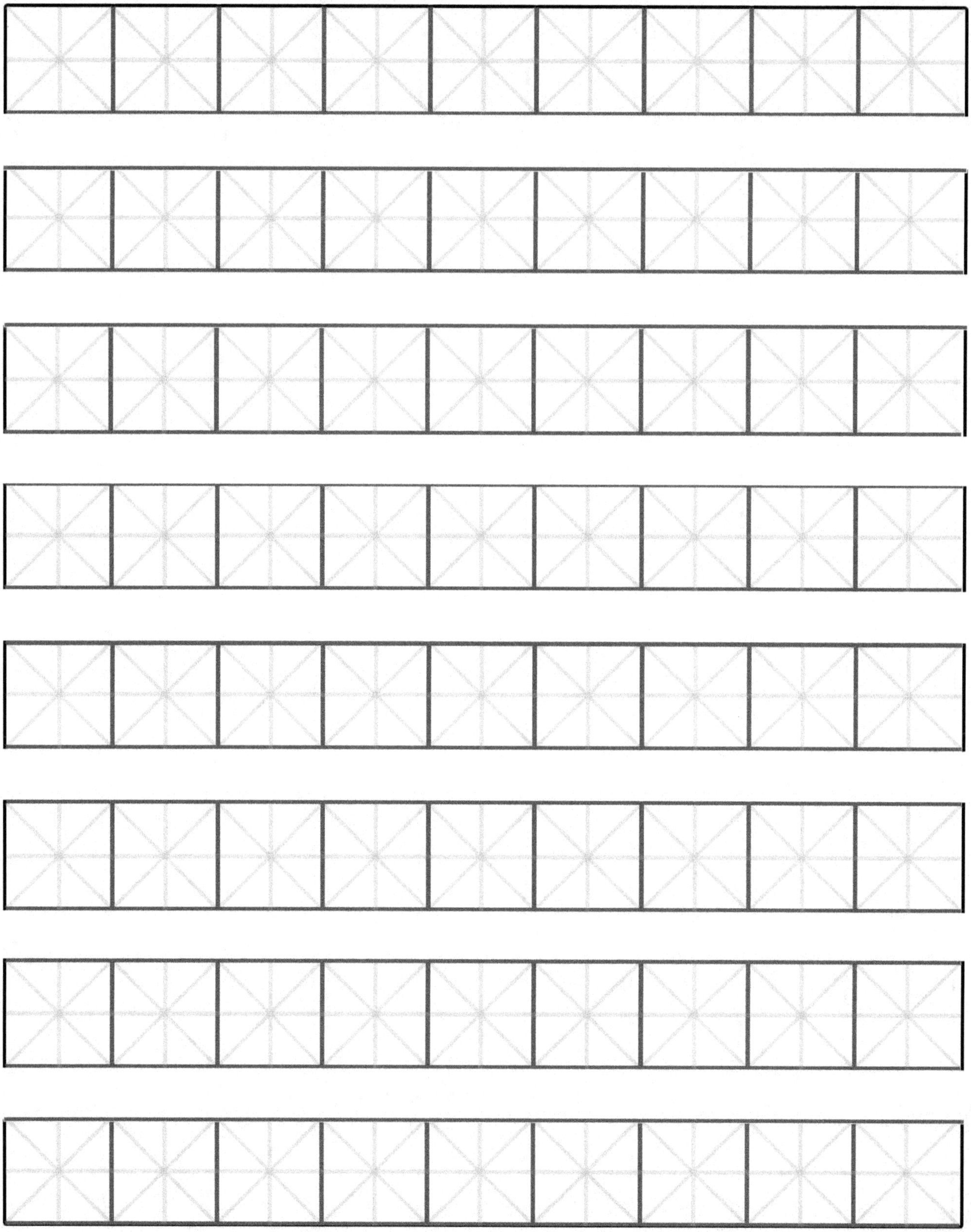

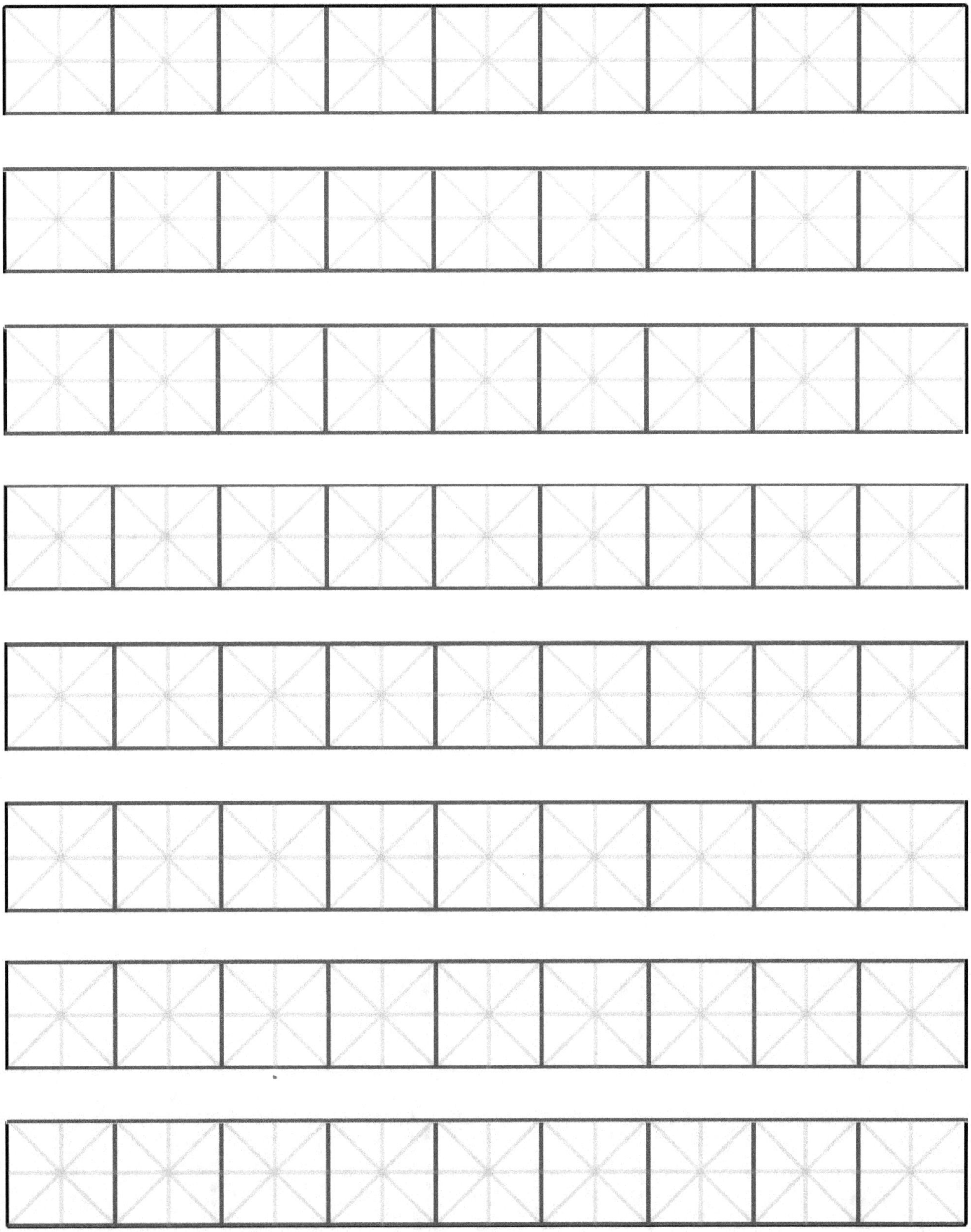

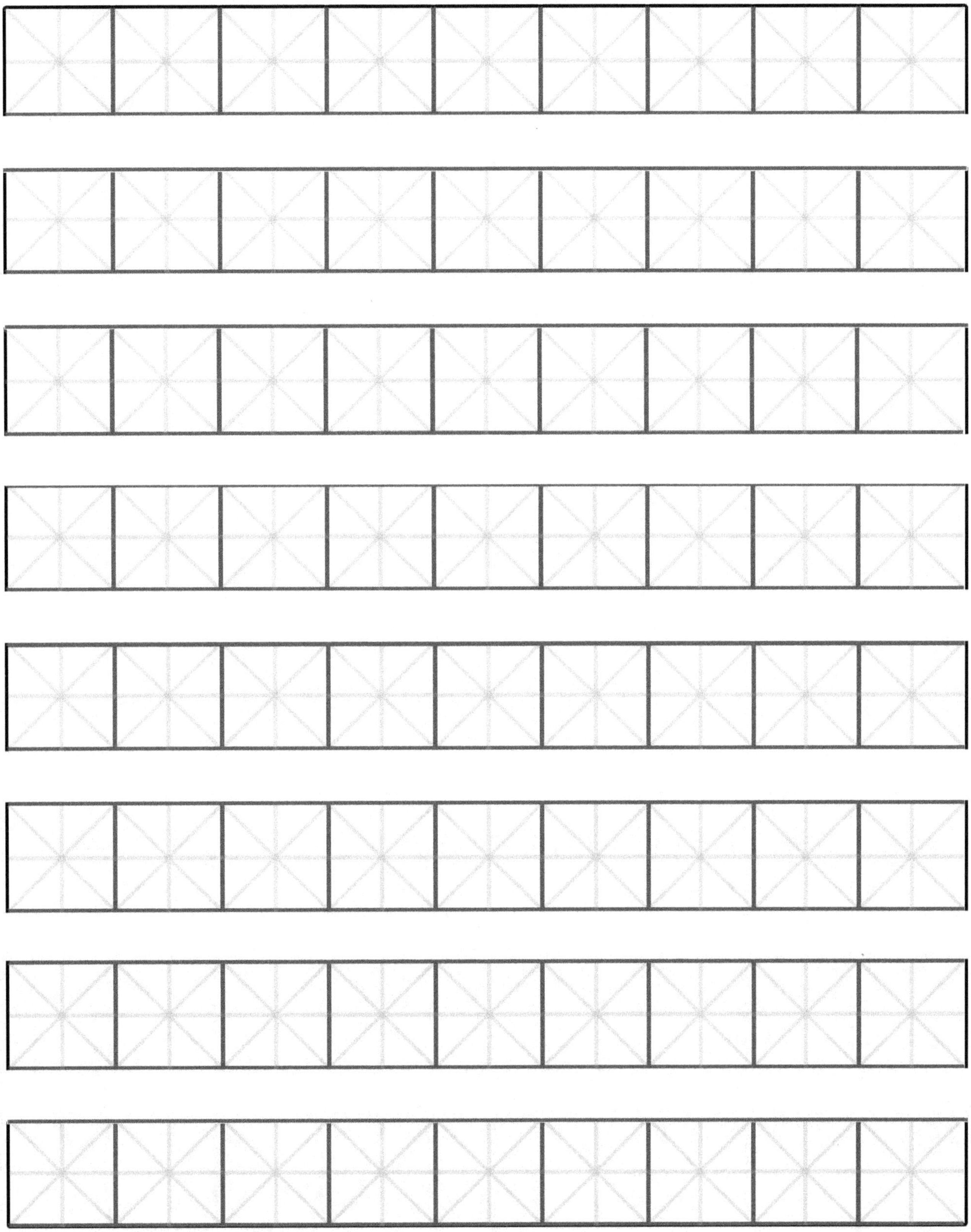

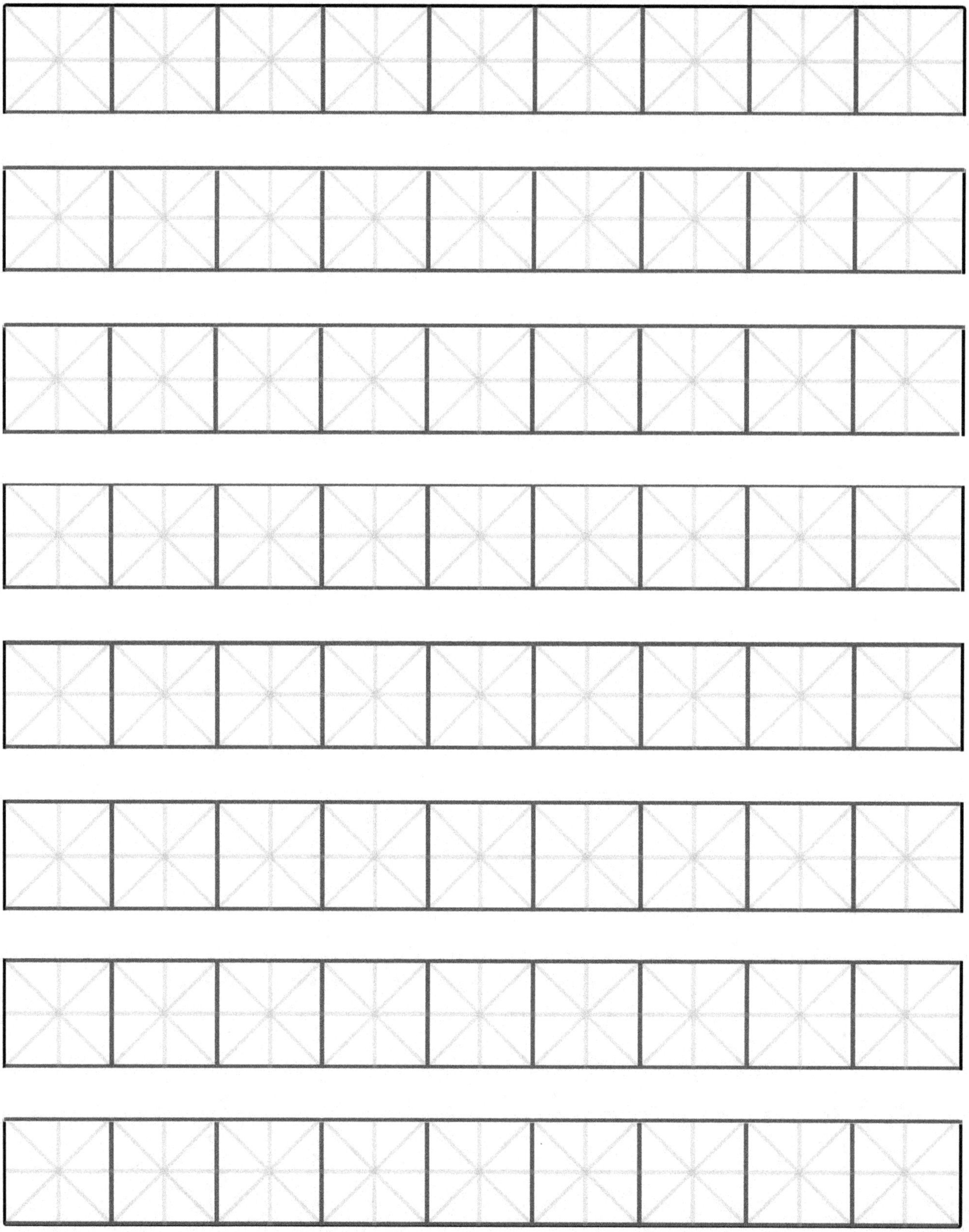

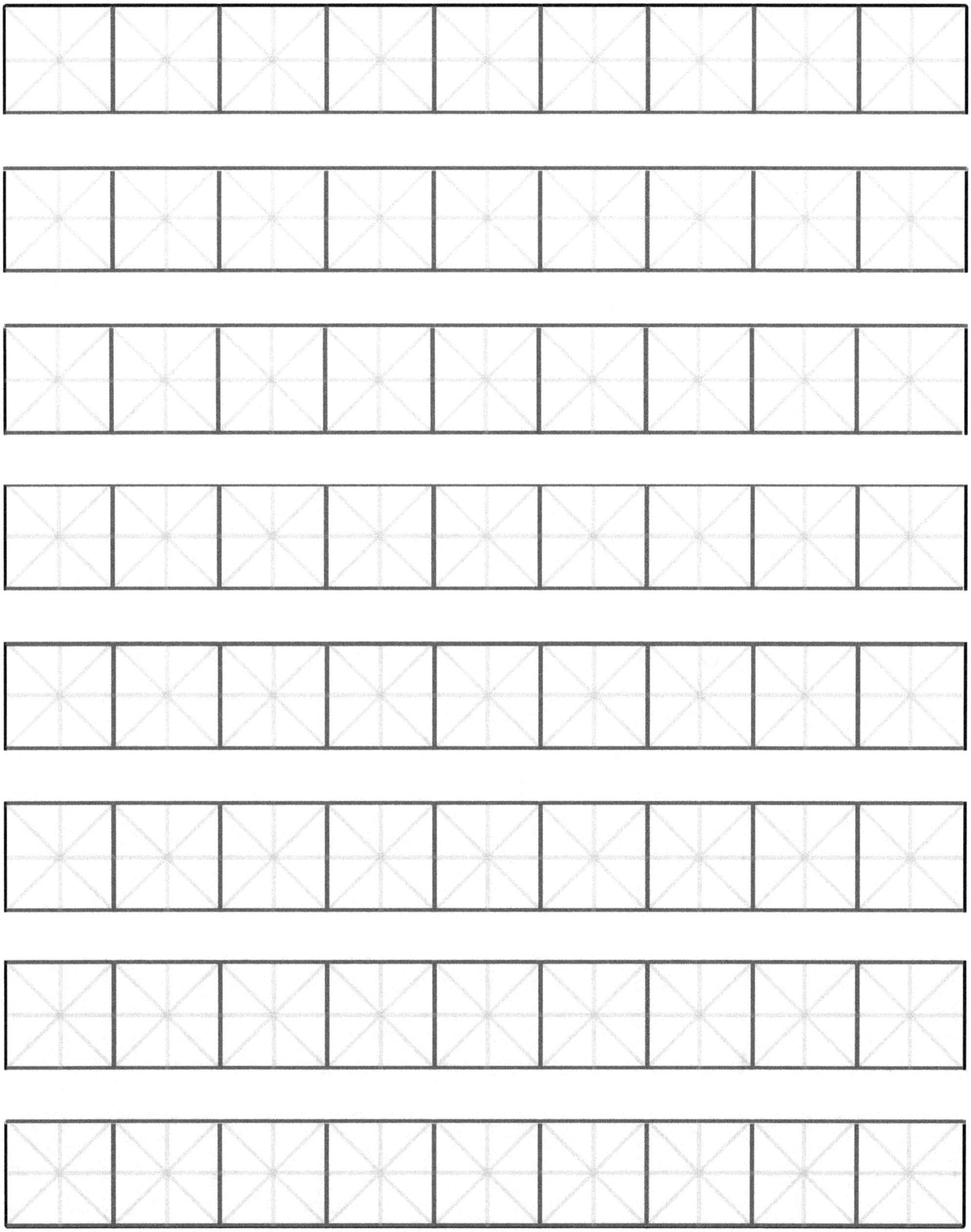

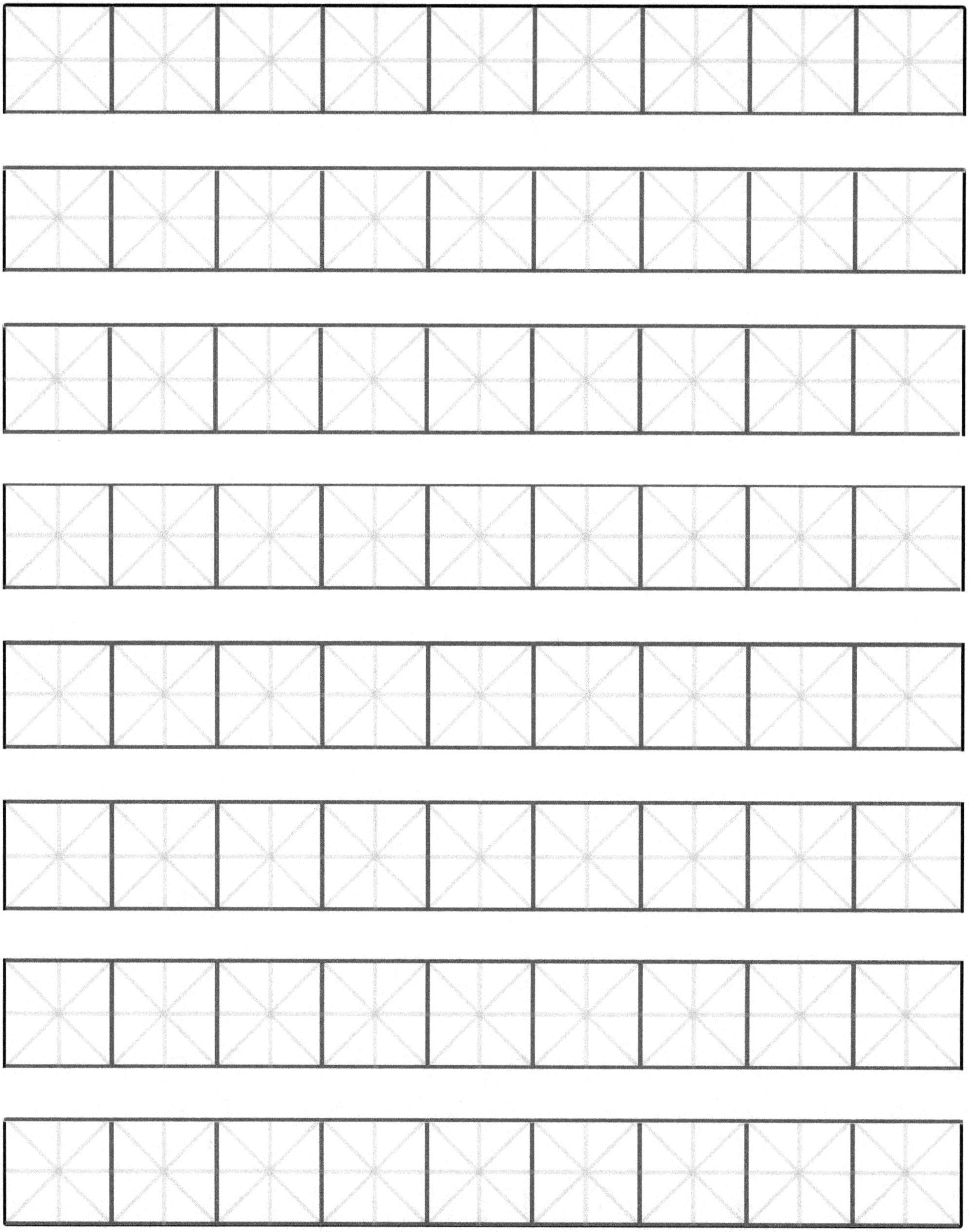

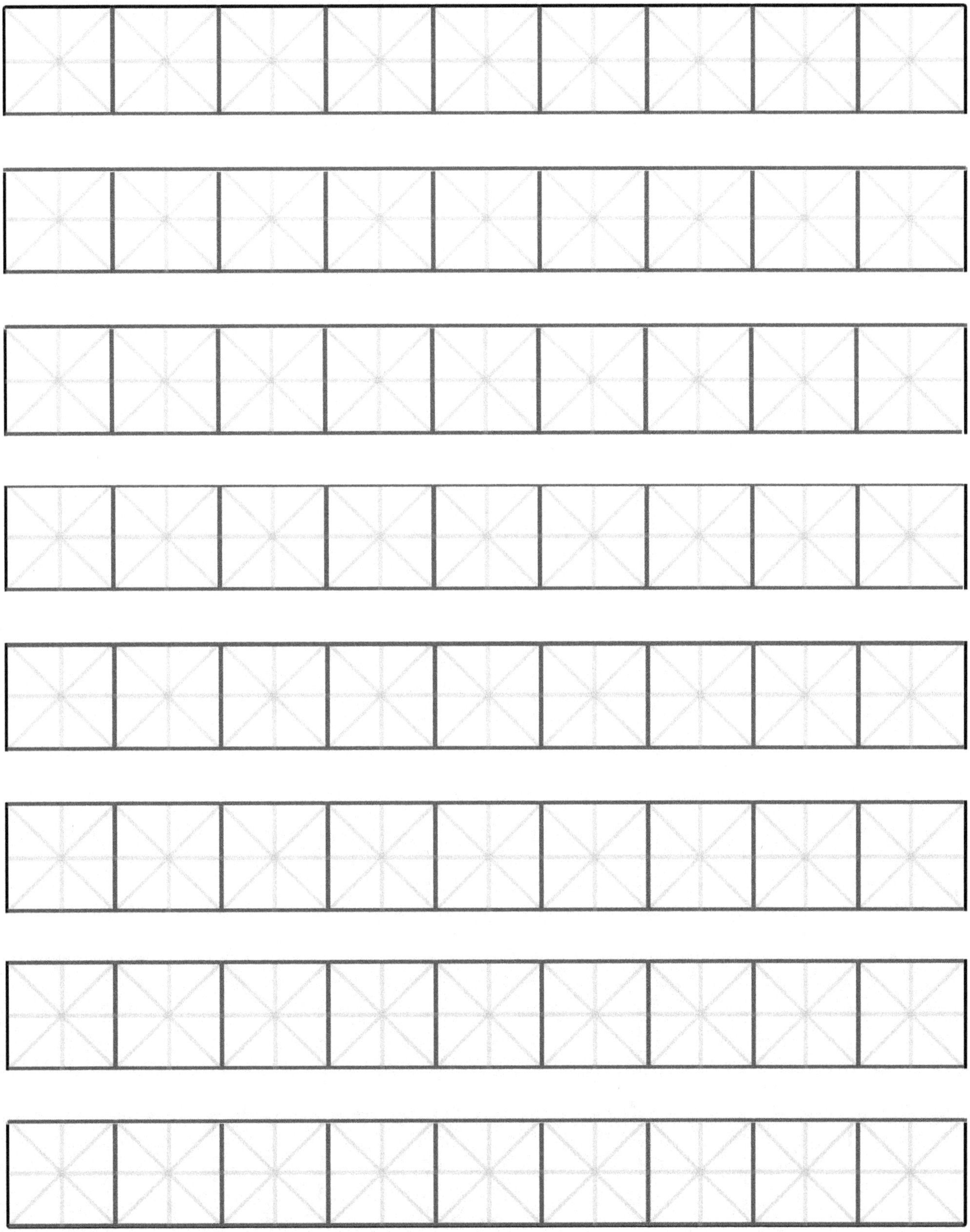

www.ingramcontent.com/pod-product-compliance
Lightning Source LLC
LaVergne TN
LVHW081539060526
838200LV00048B/2140
* 9 7 8 1 7 1 6 2 2 5 1 0 9 *